The Possibility of Red
Η Πιθανότητα του Κόκκινου

The Possibility of Red   Η Πιθανότητα του Κόκκινου

Becky Dennison Sakellariou   Translated by Maria Laina

HOBBLEBUSH BOOKS
Brookline, New Hampshire

Copyright © 2014 by Becky Dennison Sakellariou and Maria Laina

All rights reserved. No part of this work may be used or reproduced in any manner whatsoever without written permission from the publisher, except in the case of brief quotations embodied in critical articles and reviews.

Composed in Arno Pro at Hobblebush Books,
Brookline, New Hampshire

Printed in the United States of America

Cover photo by Ken Gidge, www.gidgeworld.com
Cover art and design concept by Danis Collett, www.daniscollett.com

ISBN 978-1-939449-05-4

Published by:
HOBBLEBUSH BOOKS
17-A Old Milford Road
Brookline, New Hampshire 03033
www.hobblebush.com

Contents

ACKNOWLEDGMENTS vi
INTRODUCTION vii

Σαν να ακούνε 2
As if listening 3

Τι θα είναι η κραυγή μου; 4
What Shall I Cry? 5

Η πιθανότητα της μνήμης 6
The Possibility of Memory 7

Τι θα μπορούσε να συμβεί 8
What Could Happen 9

Κορμί δίχως μετάνοια 12
Unrepentant Body 13

Πετροβολώντας τη λίμνη 14
Stoning the Pool 15

Κολυμπώντας τα δίχτυα 18
Swimming the Nets 19

Η πιθανότητα του κόκκινου 20
The Possibility of Red 21

Το αβοκάντο 22
The Avocado 23

Ακούγοντας τον Ouyang Jianghe να διαβάζει τα ποιήματά του 24
Upon Hearing Ouyang Jianghe Read His Poems 25

Γη ακούει 26
Earth Listening 27

CREDITS 28
ABOUT THE AUTHORS 29

Acknowledgments

My deepest gratitude to all those who cheered me on in this project, who dreamed with me, who believed it to be worthy and possible, and who held my hand when I thought it would never come to fruition: my designer/artist friends, Kin Schilling and Danis Collett, who played with various cover possibilities with enthusiasm and consummate skill and my beloved and supportive translator-editors, Irini Theotokatou who wrote the first versions while I ironed her clothes, Panayiotis Sakellariou who went through the final Greek versions with meticulous attention, and Alexandra Petrou, who noticed and solved the last glitches and uncertainties. With his consummate grace and courtesy, my publisher, Sid Hall, carried me upright the whole journey. Finally, I am forever in debt to Maria Laina, poet and translator extraordinare, who taught me so much about the nuances and rhythms of Greek as we sat together for hours "talking and playing the poems." This remarkable, and often hilarious, collaboration—which took part closer and closer to midnight each successive meeting—was, for me, the most provocative part of the making of the book. My own understanding of translation as an art, and of Greek as a rich, colourful source of inspiration, have been forever transformed.

—BECKY DENNISON SAKELLARIOU

Είμαι βαθύτατα ευγνώμων σε όλους όσους με ενθάρρυναν κατά την διάρκεια αυτού του εγχειρήματος, που ονειρεύτηκαν μαζί μου, πίστεψαν στην αξία και δυνατότητα του και στάθηκαν δίπλα μου όταν έπαψα να πιστεύω στην πραγμάτωση του: στις σχεδιάστριες/καλλιτέχνιδες φίλες μου, Κιν Σίλλινγκ και Ντάνις Κολλέτ, που πειραματίστηκαν με διάφορα εξώφυλλα με περισσό ενθουσιασμό και δεξιοτεχνία, και τους αγαπημένους μου συμπαραστάτες και μεταφραστές / αναγνώστες—την Ειρήνη Θεοτοκάτου που έκανε τις πρώτες μεταφράσεις καθώς σιδέρωνα τα ρούχα της, τον Παναγιώτη Σακελλαρίου που εξέτασε με περισσή λεπτομέρεια τις τελευταίες Ελληνικές μεταφράσεις, και την Αλεξάνδρα Πέτρου, που παρατήρησε και επίλυσε τα τελευταία μικροπροβλήματα και τις αβεβαιότητες. Με την τρομερή γοητεία και ευγένεια που τον διακατέχει, ο εκδότης μου, Σιντ Χολ με στήριξε καθ'όλη την διάρκεια αυτής της διαδρομής. Τέλος, θα είμαι για πάντα υπόχρεη στην Μαρία Λαϊνά, μια εκπληκτική ποιήτρια και μεταφράστρια, η οποία κατά την διάρκεια όλων αυτών των ωρών που «μιλούσαμε και παίζαμε με τα ποιήματα» με έμαθε τόσα πολλά για τις αποχρώσεις και τους ρυθμούς της Ελληνικής γλώσσας. Αυτή η αξιοσημείωτη και συχνά ξεκαρδιστική συνεργασία, με τις συναντήσεις μας να αγγίζουν όλο και περισσότερο τα μεσάνυχτα, ήταν για μένα το πιο προκλητικό κομμάτι της δημιουργίας αυτού του βιβλίου. Η αντίληψη μου για την διαδικασία της μετάφρασης σαν μια μορφή τέχνης και της Ελληνικής γλώσσας σαν μια πλούσια και πολύχρωμη πηγή έμπνευσης έχει για πάντα αλλάξει.

— Μπέκυ Ντένισον Σακελλαρίου

Introduction

PICTURE THIS: an evening somewhere north of Athens, a cosy living room, two women, one ironing, the other sitting on the couch in front of a computer, words of poetry exchanged between them—Greek words for English, κόκκινο for *red*, πιθανότητα for *possibility*. That's how the first preliminary translations were made. I translated and Becky did the ironing I am always so loath to do. There was magic in the air, a womanly mix of art and domesticity, an entwining of languages and cultures that we both found so satisfying.

Becky has been my friend for a long time and this is what I know: She doesn't set out to write poems about Greece, but it is so much part of her that her poetry resonates with its landscapes and its people. She has a profound love and understanding of this country which is evident throughout.

This is what she told me: "I feel privileged to have lived and worked for so long in this world that isn't mine. This book is a way of giving something back, of saying thank you."

What I see is that the book is a direct translation of her love for Greece and her desire to share some essential part of herself, to deepen the bond. I am glad to have been part of the process. I look forward to sharing the gift of these poems with those who have previously had no access to them.

—IRENE THEOTOKATOU

ΦΑΝΤΑΣΟΥ ΑΥΤΟ. Απόγευμα, κάπου βόρεια των Αθηνών, σ' ένα αναπαυτικό σαλόνι, δύο γυναίκες, η μία σιδερώνει, η άλλη καθισμένη στον καναπέ κοιτάζει τον υπολογιστή, λόγια ποίησης ανταλλάσονται μεταξύ τους—ελληνικές λέξεις παίρνουν την θέση αγγλικών, κόκκινο αντί για red, πιθανότητα αντί για possibility. Έτσι ξεκίνησαν οι πρώτες μεταφράσεις. Εγώ μετέφραζα ενώ η Μπέκυ σιδέρωνε, κάτι που εγώ πάντα αποφεύγω. Στον αέρα η μαγεία ήταν διάχυτη, ένα γυναικείο μείγμα τέχνης και νοικοκυροσύνης, ένα συνονθύλευμα γλωσσών και πολιτισμών που ικανοπούσε βαθιά και τις δυο μας.

Με την Μπέκυ είμαστε φίλες εδώ και πολλά χρόνια και αυτό ξέρω για εκείνη: δεν ξεκινά με σκοπό να γράψει ποιήματα για την Ελλάδα, αλλά είναι τόσο δεμένη μαζί της που τα τοπία και οι άνθρωποι της στοιχειώνουν τα ποιήματά της. Η βαθιά αγάπη και γνώση που έχει για αυτή την χώρα είναι εμφανείς σε όλο το βιβλίο.

Αυτό μου είπε η ίδια: «Νιώθω μεγάλη τιμή που μπόρεσα να ζήσω και να δουλέψω για τόσο μεγάλο χρονικό διάστημα σε αυτό τον τόπο που δεν με γέννησε. Με το βιβλίο αυτό προσπαθώ να ανταποδώσω την χάρη, να πω ευχαριστώ».

Αυτό που βλέπω εγώ είναι ότι το βιβλίο αυτό, «Η Πιθανότητα του Κόκκινου», είναι μια άμεση μετάφραση της αγάπης της για την Ελλάδα και της επιθυμίας της να μοιραστεί μαζί της ένα ουσιαστικό κομμάτι του εαυτού της, προκειμένου να εμβαθύνει το δεσμό μαζί της. Είμαι χαρούμενη που μπόρεσα να αποτελέσω μέρος αυτής της διαδικασίας. Ανυπομονώ να μοιραστώ το δώρο αυτό με αυτούς που μέχρι πρότινος δεν είχαν πρόσβαση στα ποιήματά της.

—ΕΙΡΗΝΗ ΘΕΟΤΟΚΑΤΟΥ

The Possibility of Red
Η Πιθανότητα του Κόκκινου

Σαν να ακούνε

Σιλουέτες με μαύρο περίγραμμα
διαφαίνονται στον ουρανό
που νυχτώνει

αμυγδαλιές με κόμπους
πυργωτά κλαδιά
διασχίζουν τον ορίζοντα
χελιδόνια στροβιλίζουν, βουτάνε, τιτιβίζουν

αδυσώπητη ζέστη, τζιτζίκια,
μαζεμένοι πράσινοι κύκλοι
σταφύλια, ελιές, σύκα
το δέρμα μου υγρό

κατσίκες που πίνουν αλατισμένο θαλασσινό νερό
το κρέας είναι πιο νόστιμο
γλάροι υψώνονται   βυθίζονται στο δικό τους όνειρο

ένα κορμί σχεδιασμένο με κάρβουνο
γραμμές που διασχίζουν τον γοφό   τις γάμπες
το ραγισμένο παράθυρο φιλτράρει το φως

χέρια ανάμεσα στα πόδια μου
κοιμούνται
σαν απαλά κουβαριασμένα ζώα

θρηνώ το μαλακό κοίλωμα
όπου τα δάχτυλά σου σταματούσαν
σαν να ακούνε

το τραύλισμα
της χάντρας περασμένης στο στήθος μου

οι γραμμές στις παλάμες των χεριών μας
γυρίζουν   στροβιλίζουν
σαν να διαβάζουν η μία στην άλλη

As if listening

Cutouts outlined in black
against the coming
night sky

knobbed almond trees
castellated branches
criss-cross the horizon
swallows wheeling, diving, *cheeping*

unrelenting heat, cicadas,
gathered green rounds
grapes, olives, figs
my skin wet

goats who drink salted sea water
the meat is tastier
gulls rise   plunge into their own dream

a body charcoaled in lines
across the hip   the calf
light filtered from the cracked window

hands between my legs
asleep
like soft curled animals

I mourn the soft indentation
where your fingers paused
as if listening

to the lisp
of beads draped over my breast

the lines in the palms of our hands
turn   spin
as if reading to each other

Τι θα είναι η κραυγή μου;

> *Πάσα σαρξ είναι χόρτος.*
> —Ησαΐας Μ: 6

Ωχρά φύλλα το χρώμα
ψυχρών χειλιών, απόχρωση βιολετιά

στιλβώνουν τη ριζωμένη φθινοπωρινή βροχή,
δέρμα στερημένο απ' οξυγόνο.

Αυτή τη φορά, όχι χιόνι. Όχι άσπρο.
Μόνο ο αυστηρός καφετής χειμώνας

που για χάρη του γύρισα σπίτι:
αυτά τα θολά περιγράμματα,

άχρωμο βρύο κουλουριασμένο γύρω
σε πενθούντες κορμούς δέντρων,

ένας ουρανός που περιφέρεται άσκοπα
στους αγρούς χωρίς φανφάρες.

Όλο τον Νοέμβρη τα δέντρα διηγούνται ιστορίες.
Ονειρεύομαι ένα χάλκινο φεγγάρι

σε τεράστια πέτρινα τρίγωνα
που προβάλλουν στον αιγύπτιο ουρανό.

Φάλαινες κάτω από την άμμο ψαλμωδούν το βυθό τους,
ένα διάφανο φύλλο παγιδεύεται σε ευαίσθητο πάγο.

Επιστρέφω, ξανά και ξανά.

What Shall I Cry?

All flesh is grass.
—Isaiah 40:6

Pale leaves the violet-hued
color of cold lips,

glaze the rooted autumn rain,
oxygen-deprived skin.

This time, no snow. No white.
Just the stern brown winter

that I have come home for:
those blurred edges,

colorless moss coiled around
grieving tree trunks,

a sky that drifts
into the fields without fanfare.

All November, the trees tell stories.
I dream of a copper moon

straddling great stone triangles
that jut into an Egyptian sky.

Whales below the sand intone their depth,
a translucent leaf gets caught in brief ice.

I return, over and over.

Η πιθανότητα της μνήμης

μένει μόνο μία πιθανότητα
  πριν το φως γίνει η μέρα
    προτού ξαπλώσουμε στο κρεβάτι του θανάτου
      για όσα αφήσαμε ανεκπλήρωτα
προτού οι εποχές γίνουν ανούσιες

η πιθανότητα της μνήμης
  αποτυπώνεται στα κύτταρα
    χαραγμένα μέσα μας καθώς κατρακυλάμε
στο χρόνο και στην άνθηση.

το πράσινο μουρμουρητό κάθε αγγείου
  ο ωκεανός αυτών που μας χωρίζει
    το φεγγάρι σαν γκοφρέτα ρυζιού
κολλημένο στον άστρινο τοίχο του ουρανού

αύριο θα έχουν μείνει κι άλλα
  στον κάδο της ελπίδας
    στη λεκάνη της φαντασίας
ανάκατα με σκιές και λύπη

παρατημένα, για να εξατμιστούν δίχως ίχνος
  ωμά ψημένα
    χωρίς μνήμη
ούτε μνήμη της μνήμης

The Possibility of Memory

remains only a possibility
  before the light becomes the day
    before we lie on the bed of death
      by what we have left undone
before the seasons become immaterial

the possibility of memory
  imprints itself on the cells
    diagrammed within us as we fall
through time and blooming

the murmuring green of every vessel
  the ocean of what is between us
    the moon like a rice cracker
glued to the star-wall of the sky

tomorrow there will be more left
  in the bucket of hope
    in the bowl of imagination
mixed with shadow and sorrow

left to evaporate without trace
  baked raw
    no memory
nor memory of memory

Τι θα μπορούσε να συμβεί

Κερασιές, δεύτερα ξαδέρφια, ακρίδες.
Κάποιες χρονιές τα πάντα πεθαίνουν
άλλες χρονιές τα πάντα ανθίζουν.

Διασχίζω βραγιές με άγρια καρότα –ως τα γόνατα–
φέτος πολύ πιο άφθονα
από κάθε άλλη χρονιά.

Καταλαβαίνω πως
στ' αλήθεια, περί αυτού πρόκειται
τσουγκρανίζω τα παρτέρια με τις ίριδες, κλαδεύω τη λεβάντα,

άναυδη με τη μαβιά μιμόζα,
–δεν είχε ανθήσει εδώ και πέντε χρόνια–
και τη μηλιά που την κόψαμε

την είχαν φάει στρατιές από τα μυρμήγκια
τώρα ανασταίνεται από τις σάπιες ρίζες της,
μελωδούν ήλιο, κύτταρα και νερό.

Καμία σχέση με την ερωτική μου ζωή,
τους κάλους μου, τις λύπες μου
ή πώς κι οι φραουλιές μαράθηκαν

ή με τον Γιάννη που διαρκώς αδυνατίζει,
δυο όγκοι στον δεξί του πνεύμονα,
δυο στον εγκέφαλο–ακόμη καπνίζει.

Ή αν υπάρχουν ακόμη φαντάσματα πολεμιστές
που μάχονται στην πεδιάδα της Θήβας,
ή αν οι πέτρες ποτέ πεινούν.

What Could Happen

Cherry trees, second cousins, grasshoppers.
Some years everything dies.
Other years everything blooms.

I walk through the knee-high Queen Anne's Lace,
this year far more abundant
than any other year.

I understand that
this is what it's all about, really,
raking the iris beds, clipping the lavender,

astonished at the purple mimosa
—no blossoms for five years—
and the apple tree we cut down

eaten away by troops of ants,
now rising out of rotten roots,
humming sun and cells and water.

Nothing to do with my love life,
my bunions, my sorrows,
or why the strawberry plants withered,

or Yianni, thinner and thinner,
two tumors in his right lung,
two in his brain, still smoking.

Or whether there are ghost warriors
still battling on the Plain of Thebes,
or if stones are ever hungry.

Λυπάμαι για τις βερικοκιές μου
τις χτύπησε *gummosis*, τα καρδιόσχημα φύλλα τους
όλο και λιγότερα, διόλου φρούτα φέτος,

μόνον ο αυθάδης κισσός σκαρφαλώνει
στον κορμό που πεθαίνει, αδιαφορώντας για ό, τι θα μπορούσε να συμβεί
και τι πιστεύω εγώ.

I am sad about my apricot trees
stricken with *gummosis*, the heart-shaped leaves
fewer and fewer, no fruit this year,

only the insolent ivy climbing
the dying trunk, oblivious of what could happen
or what I think.

Κορμί δίχως μετάνοια

Περπατάω μέρες δίχως κανενός το άγγιγμα, κρατώντας
τον πόθο σφιχτοπλεγμένο. Το δέρμα μου μαδάει,
υγρό σταλάζει στην τραχιά επιφάνεια.

Να μπορούσα να αφεθώ
σ' αυτόν τον μανιασμένο κόσμο, να διασχίσω τρέχοντας την αγορά,
να θωπεύσω το γυμνό στήθος του ψαρά με τις παλάμες μου

καθώς στρέφω από το γκρίζο μάρμαρο και πληρώνω.
Ποιος ο σκοπός του σώματος; Έτοιμο, θέλοντας ένα άλλο σώμα
για να ξαπλώσει, να διπλωθεί μέσα του, να κάνει ό,τι οι άνθρωποι ποθούν να κάνουν.

Μια γυναίκα σαν κι εμένα είναι αόρατη, κι αν δεν είναι
θα έπρεπε, έν' ανάθεμα, μια αμαρτία.
Η γιαγιά μου φύλαγε το σώμα της

καλυμμένο, δεν υπήρχε θέλω στο λεξιλόγιό της,
η μάνα μου δεν ήξερε πώς
να θέλει, η αδερφή μου ήθελε, λέγοντάς το σε κανέναν.

Ένα λουτρό, καθαρά χέρια, βρεμένα δάχτυλα
χαϊδεύουν το μπράτσο, αγγίζουν το λαιμό,
σταματούν λίγο στο υγρό δέρμα κάτω από το στήθος.

Οι γυναίκες στο τούρκικο *χαμάμ*
σιχαίνονται τις τρίχες στο αιδοίο μου, μου δείχνουν με το χέρι τους να το ξυρίσω,
κουνάνε το κεφάλι, *τσου τσου*. Βρώμικες τρίχες.

Καταλαβαίνω πως λαχταρούν κι αυτές,
το λεπτό βρεμένο κομπινεζόν κολλημένο στο δέρμα τους,

στήθη και μηροί μούσκεμα με αφρούς,
η Εύα, οι αδερφές της, η μάνα της, αγαπάνε,

ποθούν, πλένουν η μια την άλλη, πλένουν
τους νεκρούς, σ' αυτό το πολύτιμο Σπίτι τους

πριν να 'ρθει ο Θεός και αποφασίσει αλλιώς.

Unrepentant Body

I walk days without another's touch, keeping
desire braided tight. My skin moults,
liquid seeping to the raw surface.

I could loose it all upon
this raging world, race through the market,
run my palms down the naked chest of the fish monger

as we turn from the gray marble slab and pay.
What is a body for? ready, wanting another body
to lie across, to fold into, to do what humans long to do.

A woman like me is invisible, if she is not,
she should be, anathema, a sin.
My grandmother kept her whole body

covered, no *want* in her vocabulary,
my mother didn't know how
to want, my sister wanted, telling no one.

A bathtub, clean hands, wet fingers
run down the arm, touch the neck,
pause at the damp skin under the breast.

The women in the Turkish *hamam*
appalled at my pubic hair, mimic shaving,
shake their heads disapprovingly, *tsou tsou*. Dirty hair.

I can see that they too ysearn,
their thin singlets wet against their skin,

breasts and thighs soaked in suds,
Eve, her sisters, her mother, loving,

longing, washing each other, washing
the dead, in this, their precious House

before God came and decided otherwise.

Πετροβολώντας τη λίμνη

Άφησα όλες τις λέξεις
στο τραπέζι της κουζίνας
όταν φωνάξανε το όνομά μου.

Λατρεύω τις λέξεις.
Οι λέξεις είναι ο τρόπος
που φτάνουν οι ιδέες στη γλώσσα μου.

Αυτή την ιδέα δεν χρειάζεται να την γευτείς.
Ο καρκίνος έχει γεύση φόβου
και ο φόβος δεν

μεταφράζεται σε ήχους,
κυματισμούς φωνής, συλλαβές.
Η νοσοκόμα είπε

όλα θα πάνε καλά
όπως λέω συχνά
στους φίλους μου όταν βυθίζονται σ' απελπισία.

Οι λέξεις της καθίσανε
στον εξωτερικό πόρο του αφτιού μου,
κυλώντας μπρος πίσω

σαν μπίλιες σε πιάτο.
Το όλα θα πάνε καλά είχε φύγει,
σκόρπισε με μια λέξη.

Ποιος θα έρθει;
Ποιος θα φωνάξει το όνομά μου;
Είναι αυτό το Άλσος Χωρίς Σκιές;

Τι σχήματα κοιμούνται
κάτω από τη μεταξένια επιφάνεια
αυτού του ματωμένου σώματος νερού;

Stoning the Pool

I left all words
on the kitchen table
when they called my name.

I love words.
Words are the way
each idea comes to my tongue.

This idea needs no savouring.
Cancer tastes of fear
and fear will not

translate into echoes,
cadences, syllables.
The nurse said

all will be well
which is what I often tell
my friends who are in despair.

Her words sat
in the outer bowl of my ear,
rolling back and forth

like marbles in a dish.
All is well was gone,
disintegrated at a word.

Who will come?
Who will call my name?
Is this the Grove of No Shadows?

What shapes sleep
beneath the silky surface
of this body of bloody water?

Ποιος θ' ανασκάψει τον τάφο μου
με σκορπισμένα κουκούτσια ελιάς,
σπόρια σύκου και θραύσματα αγγείων;

Ποιος θα σταθεί όρθιος
για την τελευταία σπονδή;

Who will excavate my grave
littered with olive pits,
fig seeds and shattered potsherds?

Who will stand
for the final libation?

Κολυμπώντας τα δίχτυα

Ο ήλιος γλιστράει όμορφα
πίσω από τη μαβιά
άκρη του βουνού, κι εσύ
είσαι νεκρή τώρα
μια ολόκληρη μέρα.
Ο αέρας παγώνει.
Ένας άντρας και μια γυναίκα κολυμπούν
και ισιώνουν τα δίχτυα τους στον κόλπο,
εγώ κάθομαι εδώ κολυμπώντας στο χρόνο
τα χρόνια ξεβγάζουν το σώμα μου
όπως βροχή ή αστραπές
ή και στιλπνά αδιόρατα μόρια
ώσπου να φτάσουν στην άλλη πλευρά του φεγγαριού.
Θα διαβάσω το άγριο ποίημα του Νερούδα
στην κηδεία σου την Τρίτη.
Θα είναι η δική σου η φωνή: *Αν πεθάνω,*
εσύ ζήσε με με τέτοια αγνή ορμή
που το θυμό να ξυπνήσει του χλωμού και του κρύου ...
Θα παρακολουθώ προσεχτικά τις άκρες των βουνών
καθώς σκαρφαλώνω ανάμεσά τους,
θ' απλώσω τα πόδια μου, την αναπνοή και την ελπίδα μου
στις μεσημεριανές σκληρές πλαγιές τους
οι σκιές τους εμβρόντητες, σκούρες πυκνές σαν νύχτα.
Ποιον στο καλό να ρωτήσω για όλα αυτά;

Swimming the Nets

The sun slides neatly
behind the charcoal-
edged mountain and you
have been dead now
one whole day.
The air grows fearfully cold.
A man and a woman swim
their nets out into the bay,
I sit here swimming through time,
the years rinsing out my body
like rain or lightening
or lucent molecules unnoticed
until they are on the other side of the moon.
I will read Neruda's fierce poem about dying
at your funeral on Tuesday:
it will be your voice: *If I die,*
survive me with such sheer force
that you awaken the furies of the pallid and the cold . . .
I will keep close watch on the mountain edges
as I climb back through them,
I will lay my feet, my breath, my hope
along their noon-harsh slopes,
their stunned night-black shadows.
Who do I ask about all this?

Η πιθανότητα του κόκκινου

Επιτέλους η θάλασσα είναι κόκκινη,
        επιτέλους είναι απόγευμα.

Ο ουρανός ποτέ δεν είναι κίτρινος,
        ένα κολιέ από κύματα,
κοιμάμαι στο στόμα του.

Ποτέ δεν θα αγαπήσω αυτή τη γη,
        οι μαύρες της σκιές
γδαρμένες από προδοσία και ταραχή.

Αλλά θα οδηγήσω κατευθείαν στην
        έκσταση των βουνών της,
τους μενεξεδένιους γκρεμνούς, κίτρινα σπάρτα, χάλκινα βράχια
        που τραγουδούν για μια *πέτρινη χώρα*,

τα ακίνητα κορμιά των γυναικών
        τυλιγμένα μαζί στο θάνατο,
η ερωτική οσμή της ντοματιάς, το πικρό γεράνι,
        άγρια χόρτα που τα λένε *φούστα της γύφτισσας*,
και την ιστορία του φιδιού που δάγκωσε σκαντζόχοιρο
        κι επέζησε.

The Possibility of Red

At last the sea is red,
    at last it is afternoon.

The sky is never yellow,
    a necklace of waves,
I sleep in its mouth.

I will never love this land,
    its black shadows
that rake through betrayal and disorder.

But I will drive straight into
    the ecstasy of its mountains,
their lavender cliffs, yellow broom, copper rock
    that sing of a *stone land*,

the still bodies of women
    wrapped together in death,
the erotic scent of tomato plants, the bitter geranium,
    wild greens called *gypsy skirts*,
and the tale of a snake that bit a hedgehog
    and survived.

Το αβοκάντο

Έφαγα ένα από τα έξι αβοκάντο
που μου έδωσες χτες βράδυ
προτού πετάξεις για Γιοχάνεσμπουργκ
κι έπειτα για Ζιμπάμπουε, άλλη μια φορά
να βρεθείς με τη μάνα και τον πατέρα σου.
Ποτέ δεν είχα έξι αβοκάντο
στρογγυλοκαθισμένα στο καλάθι μου.
*Είναι παραγινωμένα, με προειδοποίησες,
να τα φας γρήγορα.*
Έστυψα μισό λεμόνι
πάνω στις μαλακές σαρκώδεις φέτες,
δυο σταξιές από το λάδι μου
και μια τζούρα νόστιμο μαύρο πιπέρι.
Χυμώδες, όπως
είναι για σένα ασφαλώς η Αφρική
κάθε φορά που βγαίνεις έξω
στην κάψα του κορμιού της,
στο πηχτό της φως.
Ποτέ δεν θα καταλάβεις
μου λες συχνά,
και τα μάτια σου παίρνουν μια έκφραση
που ποτέ άλλοτε δεν τη βλέπω.
Δεν γεννήθηκες στην Αφρική
κι όμως, η Αφρική σού αλείφει το δέρμα,
κοιμάται στο στόμα σου
κάτω από τη θλίψη του τραγουδιού σου.

Παράξενη αυτή η ιστορία της εξορίας
και της επιστροφής στην πατρίδα, των ταξιδιών
και της νοσταλγίας. Δεν έχει τελειωμό.
Ακόμη κι όταν επιτέλους φτάσεις.

The Avocado

I ate one of the six avocados
you gave me last night
before you flew off to Johannesburg
and on to Zimbabwe, once more
to be with your mum and dad.
I have never had six avocados
sitting in my vegetable basket
all at one time.
They are very ripe, you warned me,
don't wait long to eat them.
I squeezed half a lemon
over the soft mushy slices,
a swizzle of my own olive oil
and some good black pepper.
It was luscious, as Africa
must be for you
every time you step out
into its body heat,
its clotted light.
You will never understand
you tell me often,
your eyes taking on a look
I never see any other time.
You are not African born
and still, Africa coats your skin,
sleeps in your mouth
under the grief of your song.

It's funny, this business of exile
and homecoming, of journeys
and longing. It never stops.
Even when you finally get there.

Ακούγοντας τον Ouyang Jianghe να διαβάζει τα ποιήματά του

Χαμηλώνει το βλέμμα στην σελίδα.
Σιωπηλός. Περιμένει.

Μιλάει στο ποίημα.
Γυαλί ανάμεσα στο βλέποντας και βλέποντας.

Παίρνει ολόκληρο το ποίημα στο στόμα του.
Το γυαλί ανάμεσα στην απώλεια και την απώλεια / επιτρέποντας όμως το φως . . .

Τα μάγουλά του γλυκά καθώς κοιτάει τον ουρανό,
νερό, ένα υγρό . . . γυμνό κόκαλο που δεν ρέει.

Φτύνει λέξεις από το στόμα του,
αλογάκι της Παναγίας , επάργυρες τρίχες μιας βούρτσας,

οπλές επιβήτορα, καθεδρικούς ναούς από χαρτί, καρδιές μαρουλιού.
Τα μάγουλά του μελαγχολούν στις παύσεις.

Το ποίημα είναι η γλώσσα.
Η γλώσσα είναι το άσπρο καζάνη της ιστορίας, εγκλωβισμένη, επαναλαμβάνει

σπίτι, ο καιρός, τα άλογα, η γυναίκα του.
Τα μάγουλά του καταρρέουν στο τέλος κάθε αρμονικής.

Upon Hearing Ouyang Jianghe Read His Poems

He looks down at the page.
He is quiet. He waits.

He talks to the poem.
The thing between seeing and seeing is glass.

He takes the whole poem into his mouth.
Glass is the thing between loss and loss/permitting light . . .

His cheeks are sweet as he looks to the sky,
water, a fluid . . . boned and unflowable.

He spits words from his lips,
a praying mantis, the silvered bristles of a brush,

stallion hooves, cathedrals of paper, lettuce hearts.
His cheeks sadden in the pauses.

The poem is the language.
The language is the white bowl of history, caged, repeating

home, the weather, the horses, his wife.
His cheeks collapse at the end of every harmonic.

Γη ακούει

Μια γυναίκα στέκεται ακίνητη σαν πάγος
ακούγοντας το δέρμα
ενός άντρα
που ακούει τη γη
καθώς την αφήνει να φύγει.

Ο άντρας, σταματημένος
στην άκρη μιας πέτρας,
γονατίζει ν' ακούσει
το παιδί του, τον ήχο
χιλιάδων ποταμών.

Η γυναίκα, ψάχνοντας
τη ζεστασιά ενός άντρα,
ακουμπάει στην πλάτη του,
και φαντάζεται φάλαινες
κάτω από τη χαμένη πεδιάδα.

Αυτός στέκεται λίγο στο τραγούδι της
που λέει για το φωτεινό σκοτάδι,
ανοίγοντας το λαρύγγι του
σ' όλα τα φώτα που υπήρξαν ποτέ,
στη φλογερή της βροχή.

Η γυναίκα ακούει τον εαυτό της να κλαίει
μέσα από τα όνειρα
των γιων της ξαπλωμένοι
κάτω από την κόκκινη άμμο
της κοίτης του ποταμού.

Η πέτρα θα γίνει ποτάμι
θα γίνει παιδί
θα γίνει ολόκληρη η μνήμη τυλιγμένη
στον άγριο μανδύα του Θεού.

Earth Listening

A woman stands still as ice,
hearing the skin
of a man
who listens to the earth
as he lets it go.

The man, stopped
at the edge of a stone,
kneels to listen
to his child, to the sound
of a thousand rivers.

The woman searching
for a man's heat,
leans against his back,
imagining whales
beneath the lost prairie.

He pauses in her song
of bright darkness,
opening his throat
to all the lights that ever were,
her incandescent rain.

The woman hears herself crying
through the dreams
of her sons lying
beneath the red sand
of the riverbed.

The stone will become the river,
will become the child,
will become all memory wrapped
in the fierce cloak of God.

Credits

"Unrepentant Body," was published in *Persimmon Tree*, Fall 2010

"What Shall I Cry?" was published in *What Shall I Cry?* by Becky Dennison Sakellariou, Finishing Line Press, October 2013

"What Could Happen" was published in *What Shall I Cry?* by Becky Dennison Sakellariou, Finishing Line Press, October 2013

"The Possibility of Red" (in English and Greek) was published in *What Shall I Cry?* by Becky Dennison Sakellariou, Finishing Line Press, October, 2013

«Η Πιθανότητα του Κόκκινου» was published in Ελευθεροτυπία, *Βιβλιοθήκη* 16, November, 2011

"The Avocado" was published in *Common Ground Review*, Spring 2008

"What Could Happen" was published in *Sugar Mule*, 2012

"Upon Hearing Ouyang Jianghe read His Poems" was published in *Smoky Quartz Quarterly*, 2013 and *New Millennium*, 2014

"Earth Listening" was published in *Earth Listening* by Becky Dennison Sakellariou, Hobblebush Books, 2010

"Swimming the Nets" was published in *Earth Listening* by Becky Dennison Sakellariou, Hobblebush Books, 2010

About the Authors

BECKY DENNISON SAKELLARIOU was born and raised in New England, USA, and has lived all of her adult life in Greece. Recently, she has been "making her way home" to New Hampshire in the United States, where she now spends half of every year. Over the past twenty years, she has published in a wide variety of well-known US literary journals, and in 2005, her chapbook, *The Importance of Bone*, was published by Blue Light Press. Her first full-length book, *Earth Listening*, was chosen by Hobblebush Books in 2010 as the second in the Hobblebush Granite State Poetry Series. In 2013, Finishing Line Press put out her third book, *What Shall I Cry?* She has won numerous prizes from individual small presses and has been nominated twice for the Pushcart Poetry Anthology.

Presently, she can be found either in Euboia, Greece, where she putters around her one acre amongst the olive, fig, almond, pomegranate, lemon, apricot and eucalyptus trees, drawn by the senses and the mystery of place, or in Peterborough, New Hampshire, where she is endlessly amazed at the clouds, the snow, the tall trees and the power of memory.

Η ΜΠΕΚΥ ΝΤΕΝΙΣΟΝ ΣΑΚΕΛΛΑΡΙΟΥ γεννήθηκε και μεγάλωσε στην Μασαχουσέτη των Ηνωμένων Πολιτείων και έχει ζήσει στην Ελλάδα όλη την ενήλικη ζωή της. Πριν από λίγα χρόνια άρχισε να επιστρέφει στον «τόπο» της, το Νιου Χάμσαϊρ, όπου διαμένει πλέον έξι μήνες τον χρόνο. Ποιήματά της έχουν δημοσιευθεί εδώ και δύο δεκαετίες σε γνωστά λογοτεχνικά περιοδικά των Ηνωμένων Πολιτειών και το 2005 κυκλοφόρησε από τις εκδόσεις Blue Light Press το πρώτο της βιβλίο, *The Importance of Bone* (*Η σημασία του κόκκαλου*). Το 2010 η δεύτερη ποιητική της συλλογή, *Earth Listening* (*Γη ακούει*) επιλέχτηκε ως το δεύτερο βιβλίο μιας σειράς εκδόσεων του Hobblebush Books που σκοπό είχε να τιμήσει ποιητές του Νιου Χάμσαϊρ. Το 2013 κυκλοφόρησε η τρίτη της ποιητική συλλογή, *What Shall I Cry?* (*Τι θα είναι η κραυγή μου;*) από τις εκδόσεις Finishing Line Press. Ποιήματά της έχουν αποσπάσει πολλά βραβεία από ανεξάρτητους εκδοτικούς οίκους και ήταν υποψήφια δύο φορές για την Ποιητική Ανθολογία Pushcart.

Κατά την διάρκεια του χρόνου μπορεί κανείς να την βρει είτε στην Εύβοια, όπου τριγυρίζει αμέριμνη στον κήπο της ανάμεσα στα ελαιόδεντρα, τις συκιές, τις αμυγδαλιές, τις ροδιές, τις λεμονιές, τις βερυκοκιές και τους ευκάλυπτους, σαγηνευμένη από τον αισθησιασμό και το μυστήριο που αποπνέει η περιοχή είτε στο Πίτερμπορο, στο Νιου Χάμσαϊρ, όπου δεν παύει να θαυμάζει τα σύννεφα, το χιόνι, τα ψηλά δέντρα και την δύναμη της μνήμης.

MARIA LAINA was born in Patras, Greece in 1947. She graduated from the Athens Law School and has worked in editing and teaching modern Greek language and literature at American college programs. She has produced and broadcast literary programs for radio and written scripts for television. She has published eight plays, four of which are monologues and eight collections of poetry. She has received three awards, one of which was the Greek National Award for Poetry in 1993. A collection of her poetry translated into German was given the Award of the City of Munich in 1995. Her plays have been performed on central stages in Athens, Thessaloniki and elsewhere, and her poetry has been translated into most European languages and presented at international poetry festivals in Jerusalem, Berlin, New York, London, Stockholm, Munich, Princeton, and Majorca. She has translated Katherine Mansfield, Ezra Pound, T. S. Eliot, Edith Wharton, Patricia Highsmith, Charlotte Brontë, and Tennessee Williams among others, and has edited an anthology of 20th century poets, a selection of which is translated into Greek.

Η ΜΑΡΙΑ ΛΑΪΝΑ γεννήθηκε στην Πάτρα το 1947. Είναι απόφοιτη της Νομικής Σχολής Αθηνών. Έχει δουλέψει στον εκδοτικό χώρο και έχει διδάξει Ελληνική Γλώσσα και Λογοτεχνία σε Αμερικάνικα Κολλέγια. Υπήρξε παραγωγός και παρουσιάστρια εκπομπών λογοτεχνικού περιεχομένου στο ραδιόφωνο και έχει γράψει σενάρια για την τηλεόραση. Έχει εκδόσει οχτώ θεατρικά έργα (εκ των οποίων τέσσερα είναι μονόλογοι) και οχτώ ποιητικές συλλογές. Έχει λάβει τρία βραβεία, ένα εκ των οποίων ήταν το (Ελληνικό) Κρατικό Βραβείο Ποίησης το οποίο έλαβε το 1993. Το 1995 έλαβε το Βραβείο της Πόλης του Μονάχου για συλλογή ποιημάτων της που μεταφράστηκε στα Γερμανικά. Τα θεατρικά της έργα έχουν παρουσιαστεί σε κεντρικά θέατρα της Αθήνας, της Θεσσαλονίκης και άλλων πόλεων, και οι ποιητικές της συλλογές έχουν μεταφραστεί σε πολλαπλές Ευρωπαϊκές γλώσσες. Αναγνώσεις ποιημάτων της έχουν γίνει σε διεθνή φεστιβάλ ποίησης στην Ιερουσαλήμ, στο Βερολίνο, στην Νέα Υόρκη, στο Λονδίνο, στην Στοκχόλμη, στο Μόναχο, στο Πρίνστον και στην Μαγιόρκα. Έχει μεταφράσει έργα της Κάθρην Μάνσφηλντ, του Έζρα Πάουντ, του Τ.Σ. Έλιοτ, της Ηντιθ Γουώρτον, της Πατρίτσια Χάισμιθ, της Σάρλοτ Μπροντέ και του Τένεση Γουίλλιαμς μεταξύ άλλων και έχει επιμεληθεί ανθολογία ποιητών του Εικοστού Αιώνα (επιλογή απο ελληνικές μεταφράσεις).

IRENE THEOTOKATOU is an actress, voice teacher and writer. She was born in Greece, but grew up in Zimbabwe, where she fell in love with poetry at a young age while reciting it to improve her English accent. After studying theatre in South Africa and the UK, she returned to Greece to explore the music of her roots that had been singing silent, siren songs to her all her life. And here she is.

Η ΕΙΡΗΝΗ ΘΕΟΤΟΚΑΤΟΥ είναι ηθοποιός, δασκάλα φωνητικής και συγγραφέας. Γεννήθηκε στην Ελλάδα, αλλά μεγάλωσε στη Ζιμπάμπουε, όπου ερωτεύτηκε την ποίηση σε νεαρή ηλικία καθώς την απήγγειλε για να καλυτερεύσει την Αγγλική της προφορά. Τελειώνοντας τις θεατρικές σπουδές της στην Νότια Αφρική και Αγγλία, επέστρεψε στην Ελλάδα για να αναζητήσει τις ρίζες της, που σαν σειρήνες της τραγουδούσαν σιωπηλά όλη της την ζωή. Και εδώ είναι.

The translation of the English prose texts into Greek were done by ALEXANDRA PETROU.
Η μετάφραση των αγγλικών κειμένων στα Ελληνικά έγινε απο την ΑΛΕΞΑΝΔΡΑ ΠΕΤΡΟΥ.